___ / ___ / ___

___/___/___

___/___/___

___ / ___ / ___

___/___/___

___/___/___

___/___/___

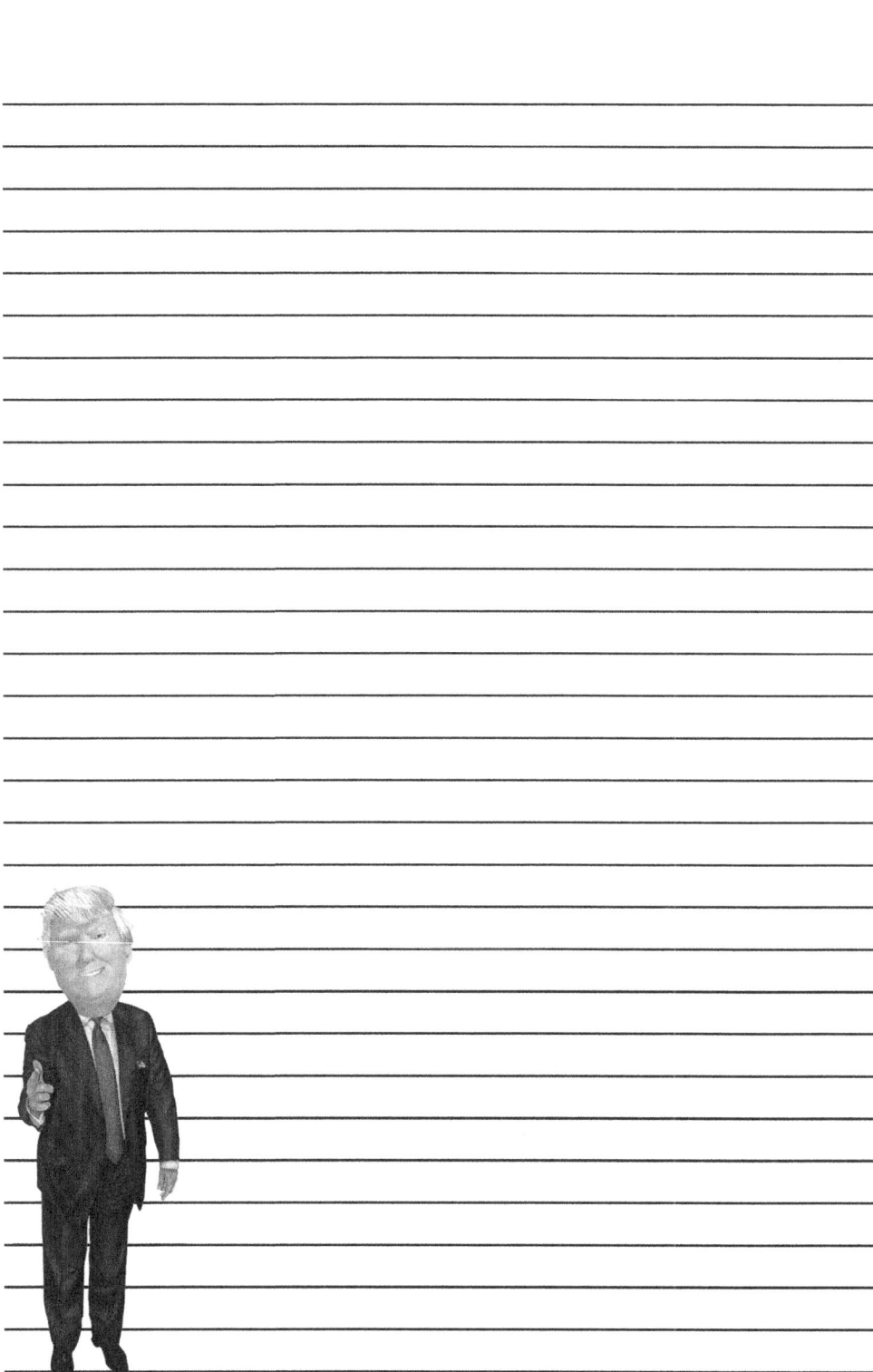

___/___/___

___/___/___

___ / ___ / ___

___/___/___

___/___/___

___/___/___

___/___/___

___/___/___

___ / ___ / ___

___/___/___

___/___/___

___/___/___

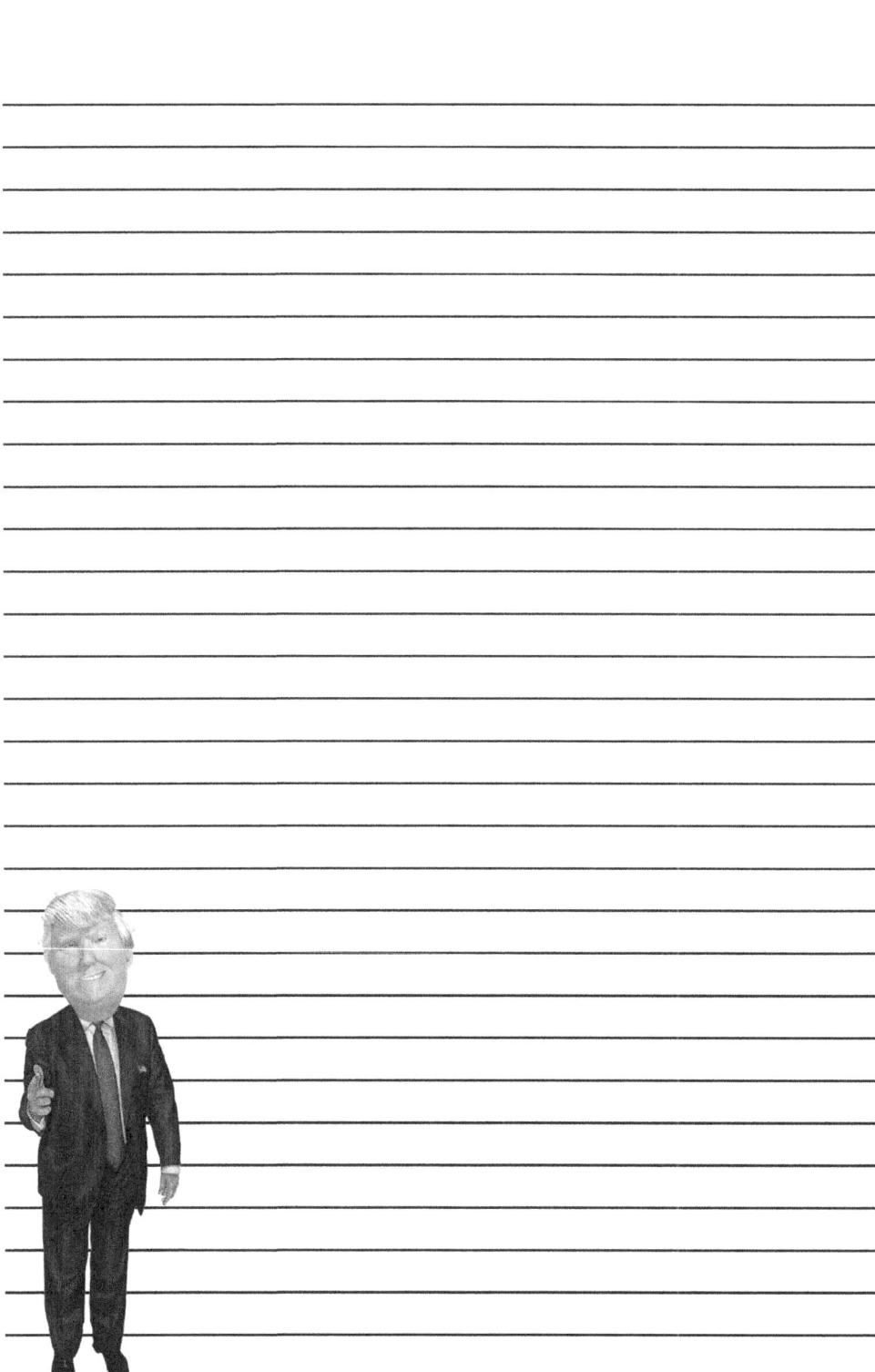

___/___/___

___/___/___

__/__/__

___/___/___

___/___/___

___/___/___

___/___/___

___/___/___

___/___/___

___/___/___

___/___/___

___/___/___

___/___/___

___/___/___

___/___/___

___/___/___

___/___/___

___/___/___

___/___/___

___/___/___

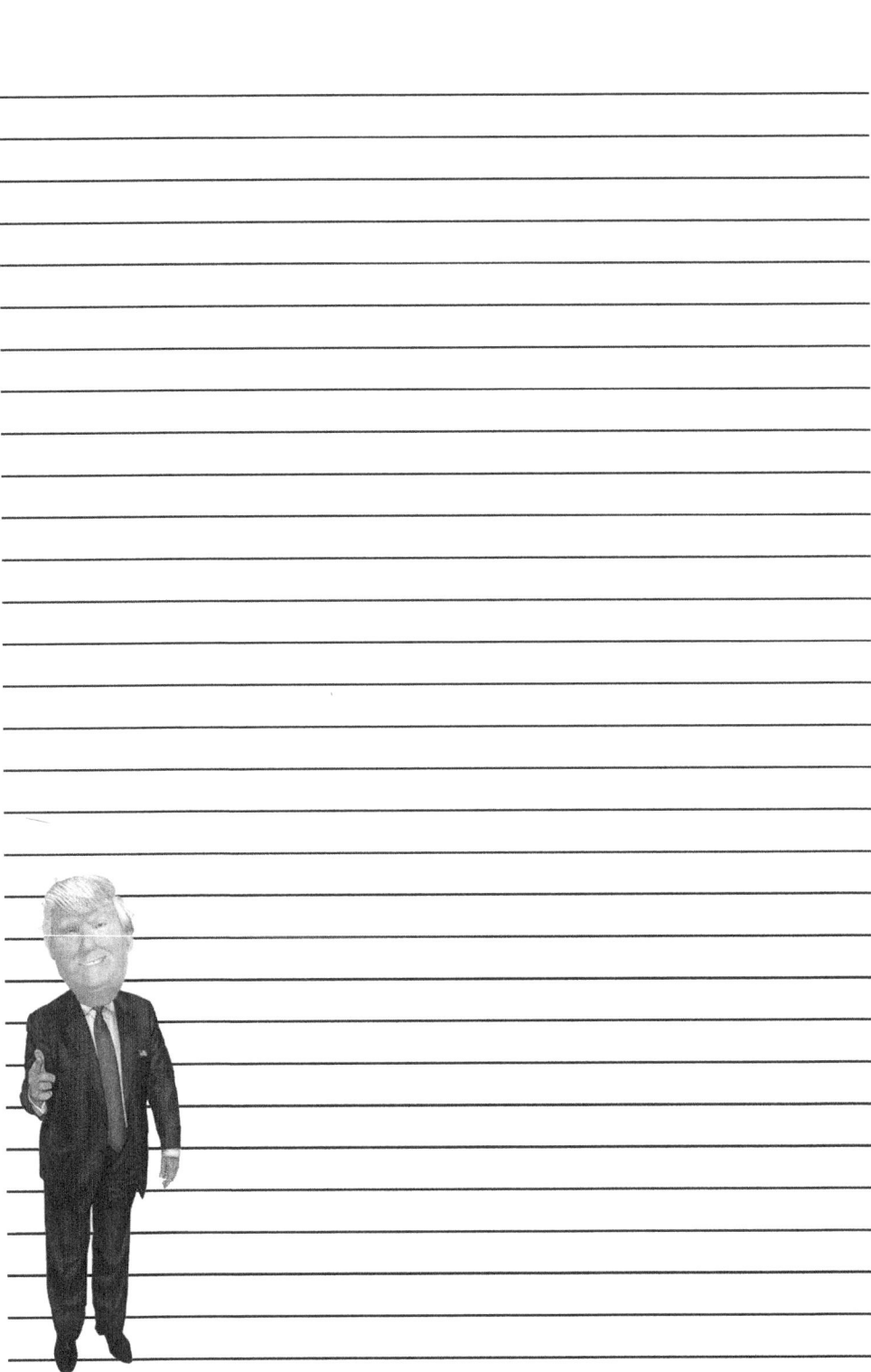

___/___/___

___/___/___

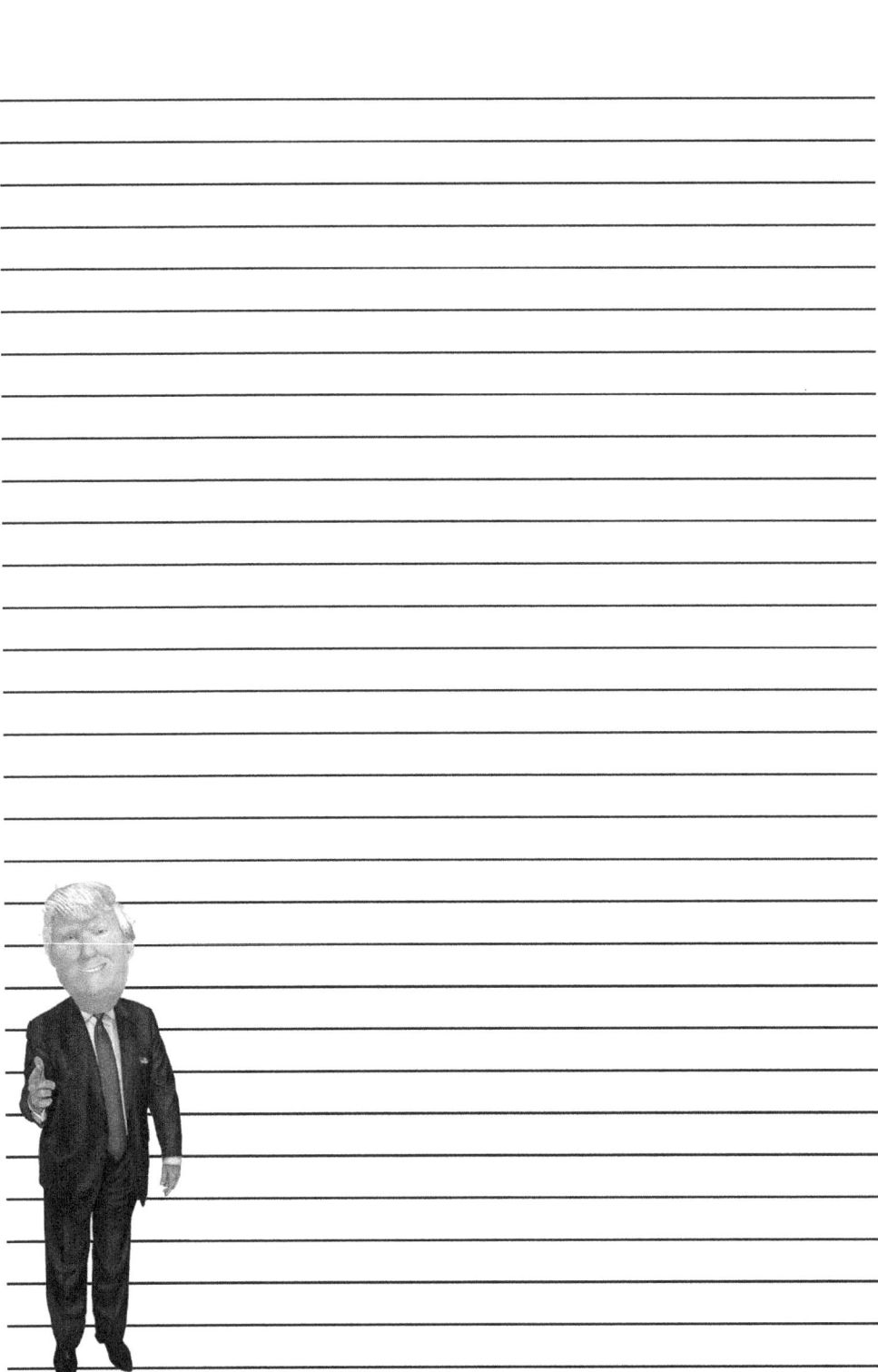

___/___/___

___ / ___ / ___

___/___/___

___ / ___ / ___

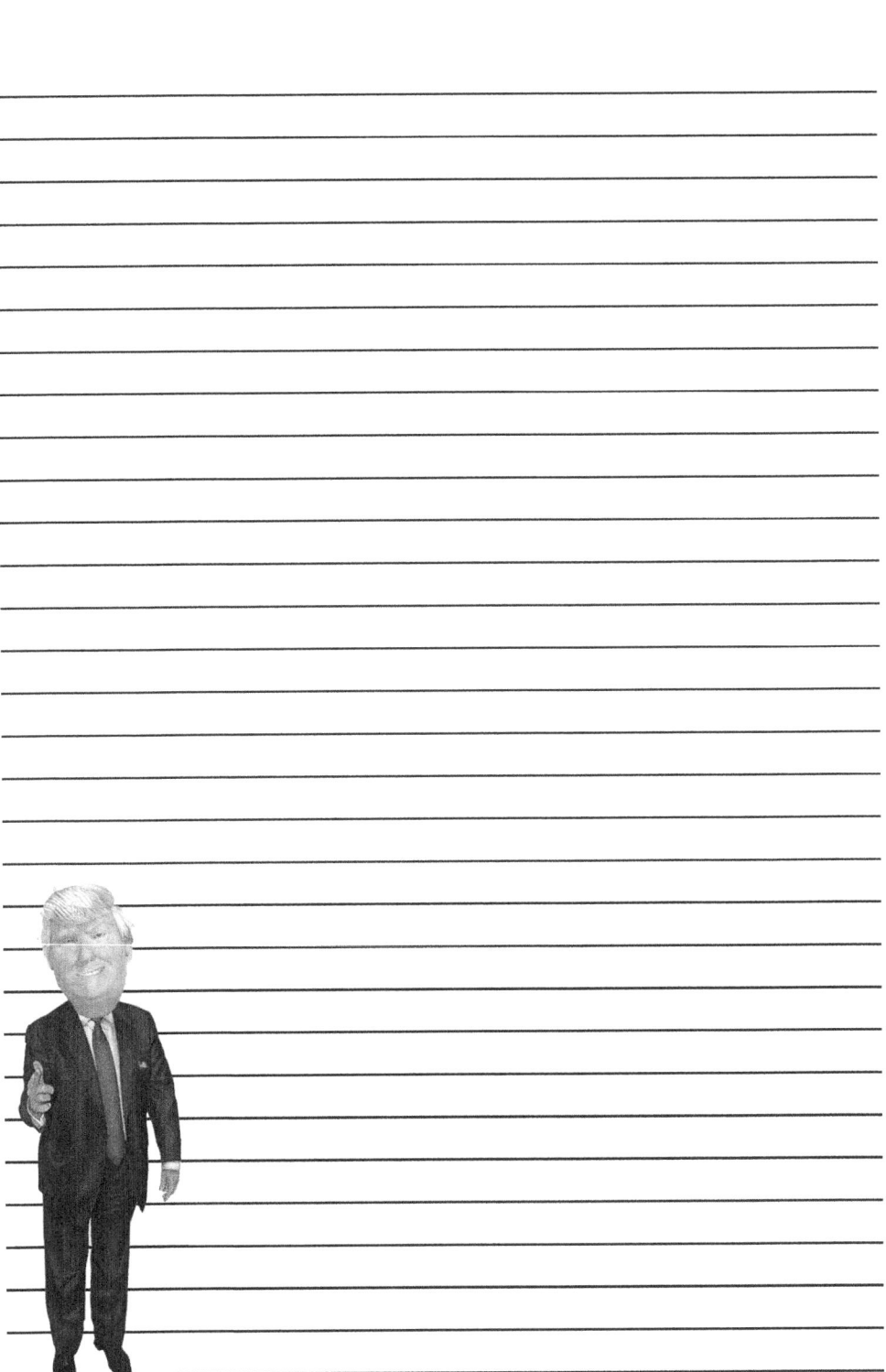

___ / ___ / ___

___ /___ /___

___/___/___

___/___/___

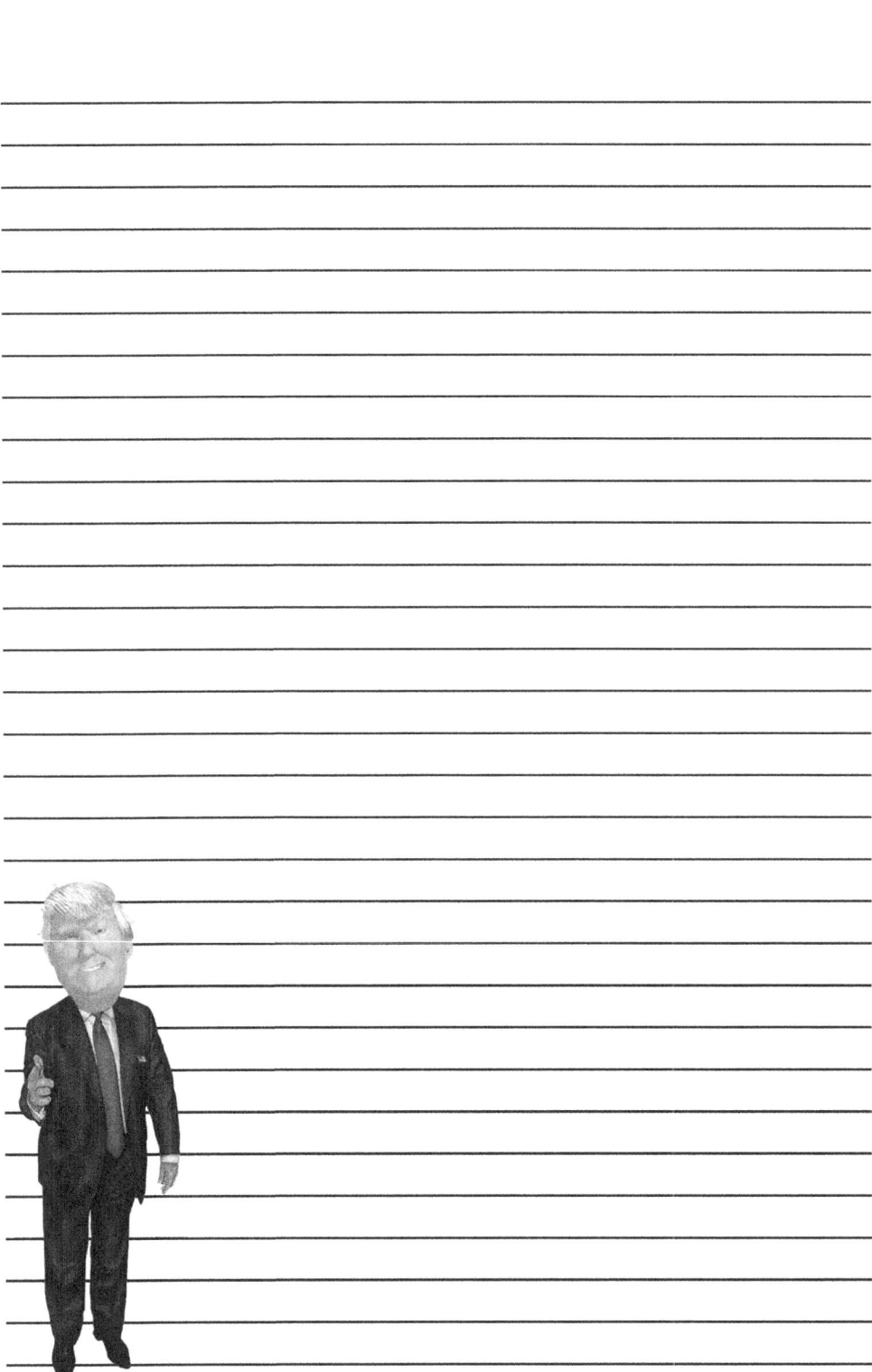

___/___/___

___/___/___

___/___/___

___ / ___ / ___

___/___/___

___/___/___

___/___/___

___/___/___

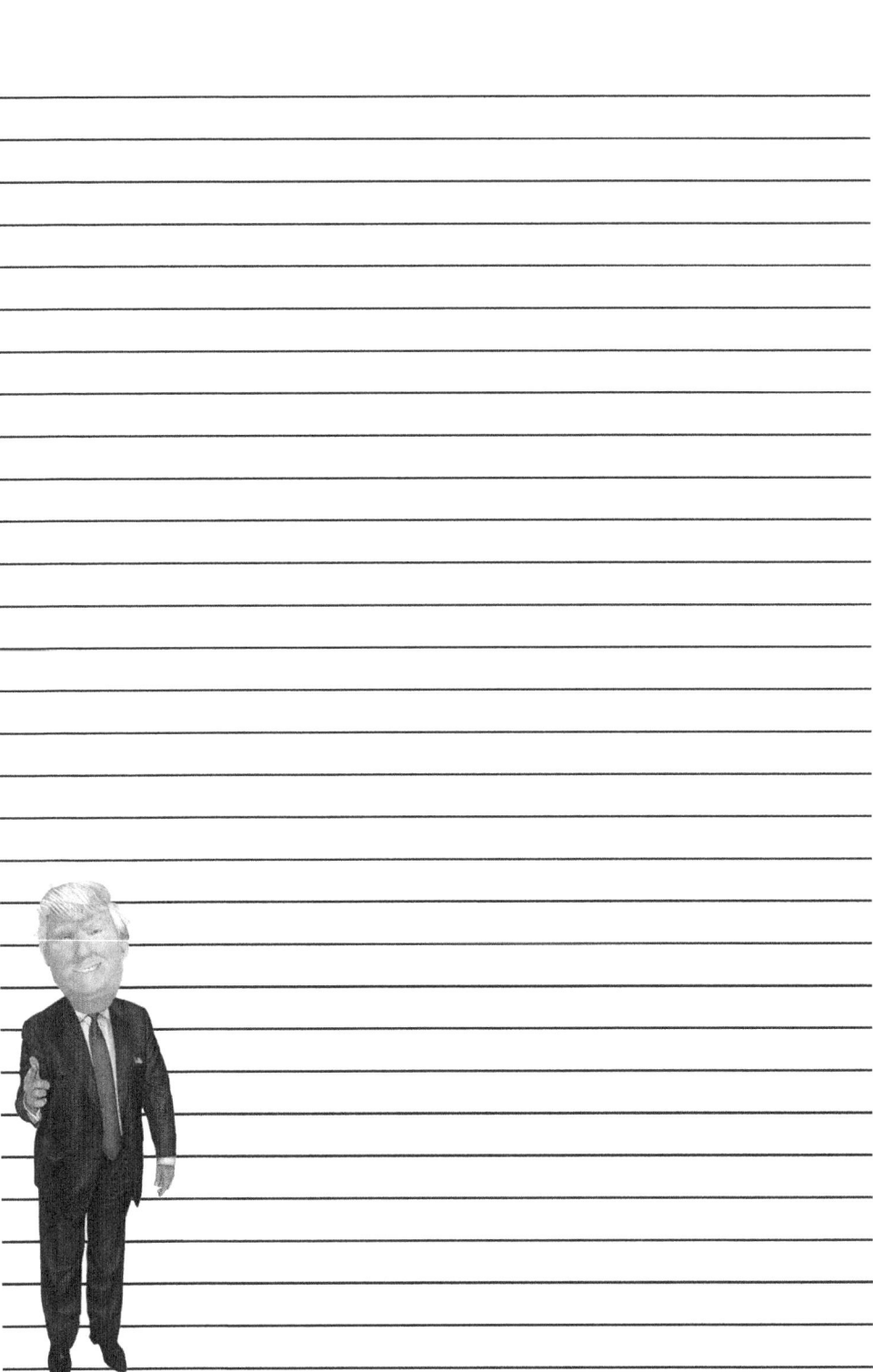

___/___/___

___/___/___

___/___/___

___/___/___

___/___/___

___/___/___

___/___/___

___ / ___ / ___

___/___/___

___/___/___

___/___/___

___/___/___

___/___/___

___/___/___

___/___/___

___/___/___

___/___/___

__ / __ / __

___/___/___

___/___/___

___/___/___

___/___/___

___/___/___

___/___/___

___/___/___

___ / ___ / ___

___/___/___

___/___/___

___/___/___

___/___/___

___/___/___

___ / ___ / ___

___/___/___

___ / ___ / ___

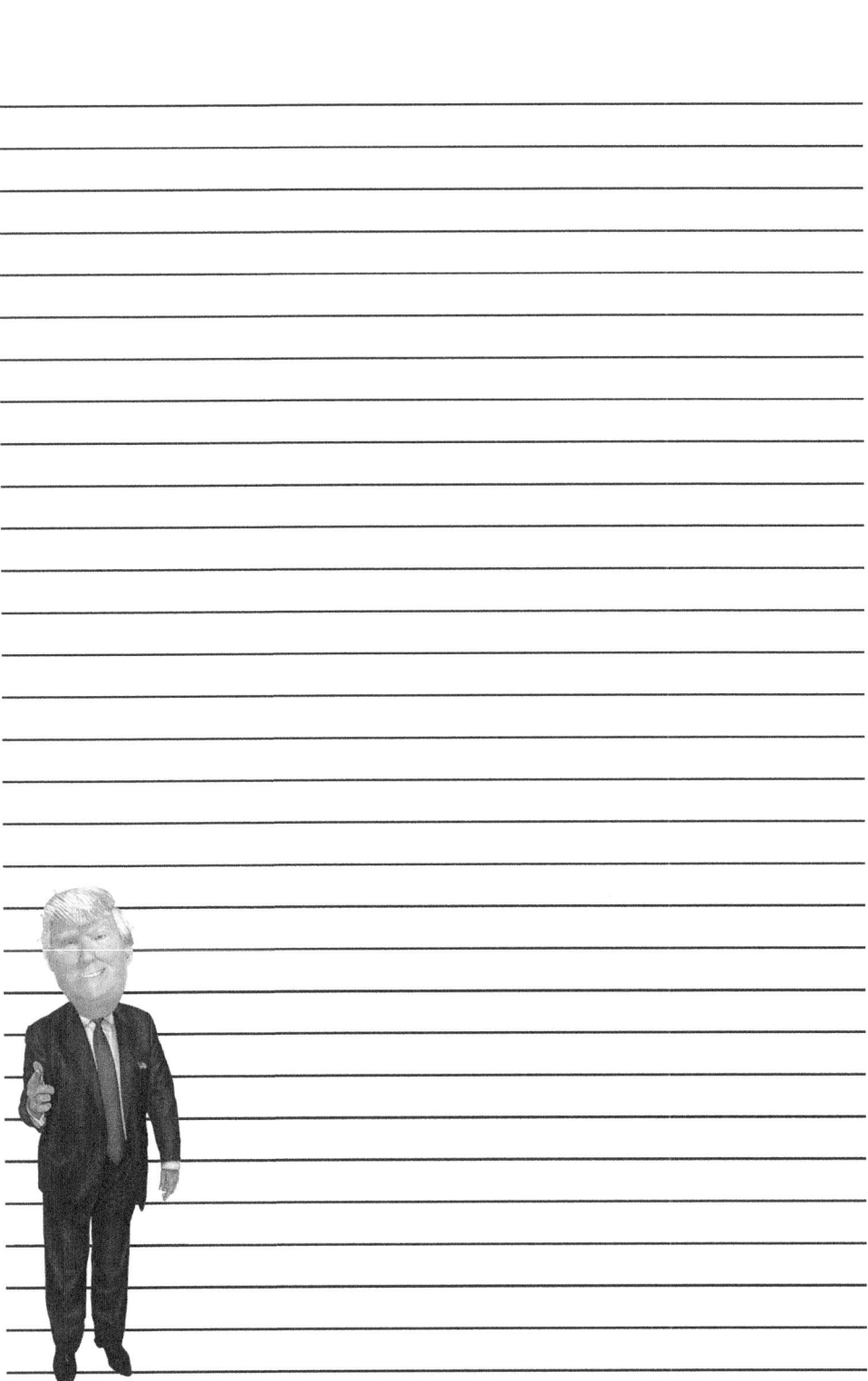

___/___/___

___/___/___

___/___/___

___/___/___

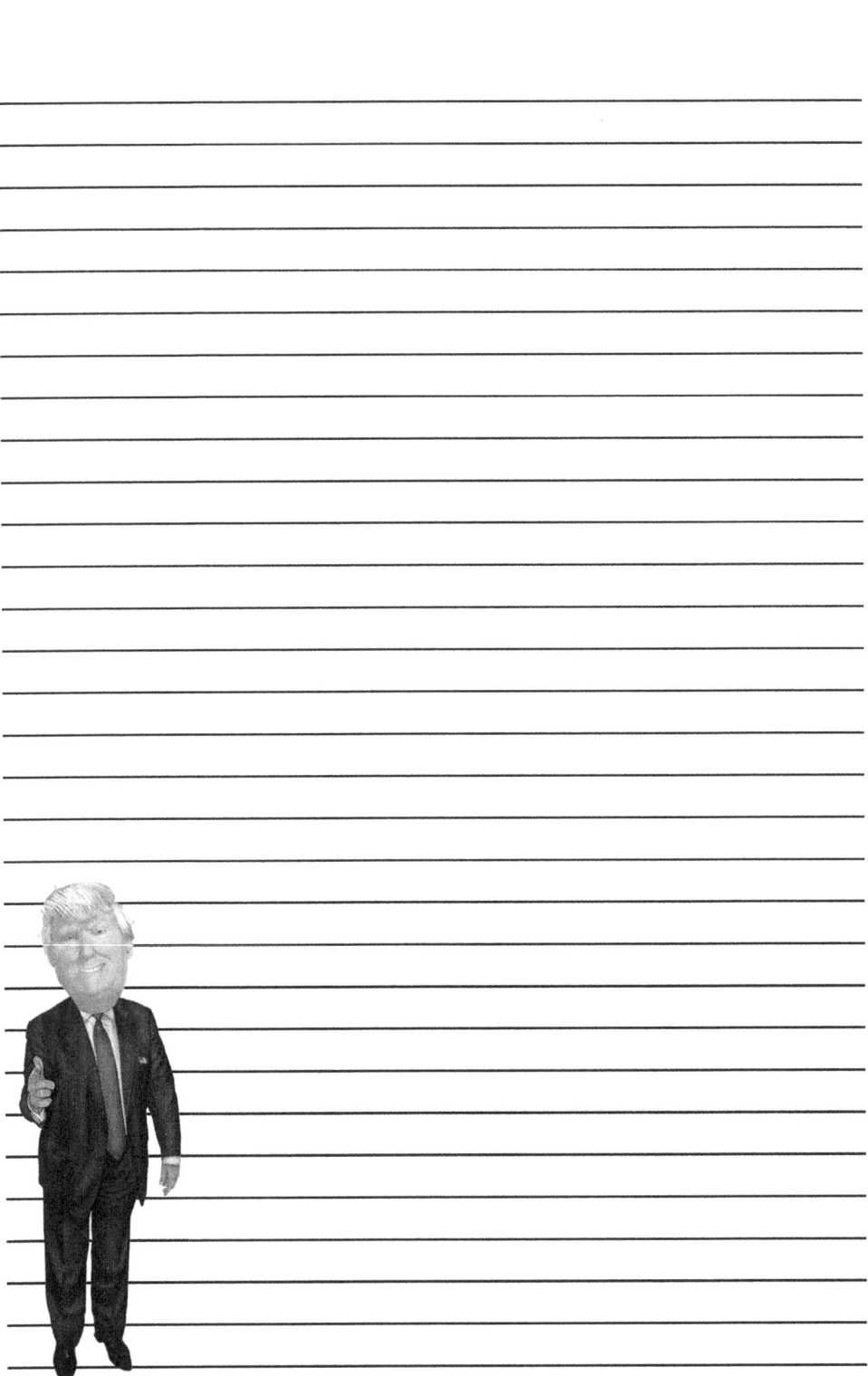

___/___/___

___/___/___

__/__/__

___/___/___

___/___/___

___/___/___

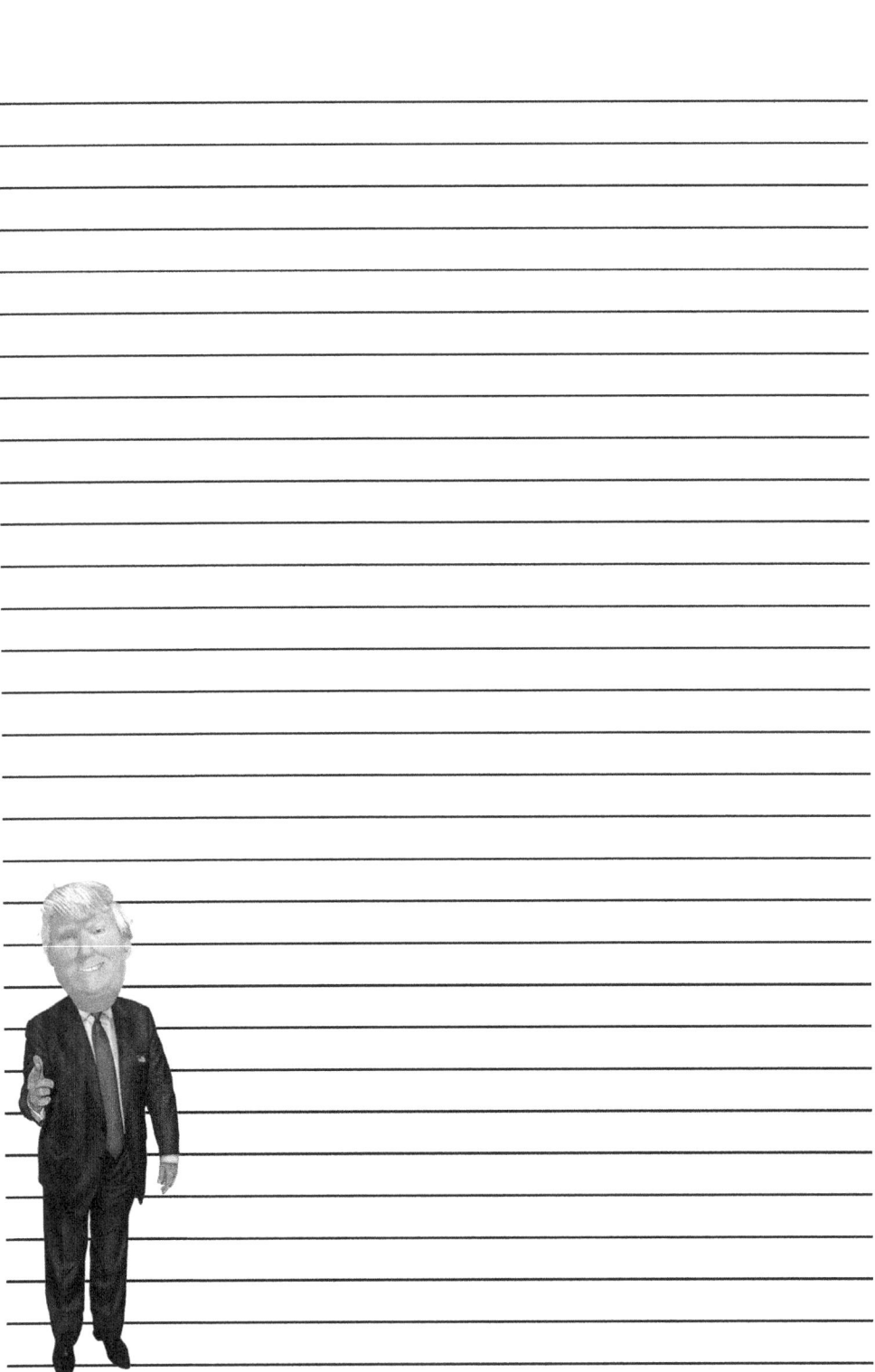

___/___/___

___/___/___

___/___/___

___/___/___

___/___/___

___/___/___

___/___/___

___/___/___

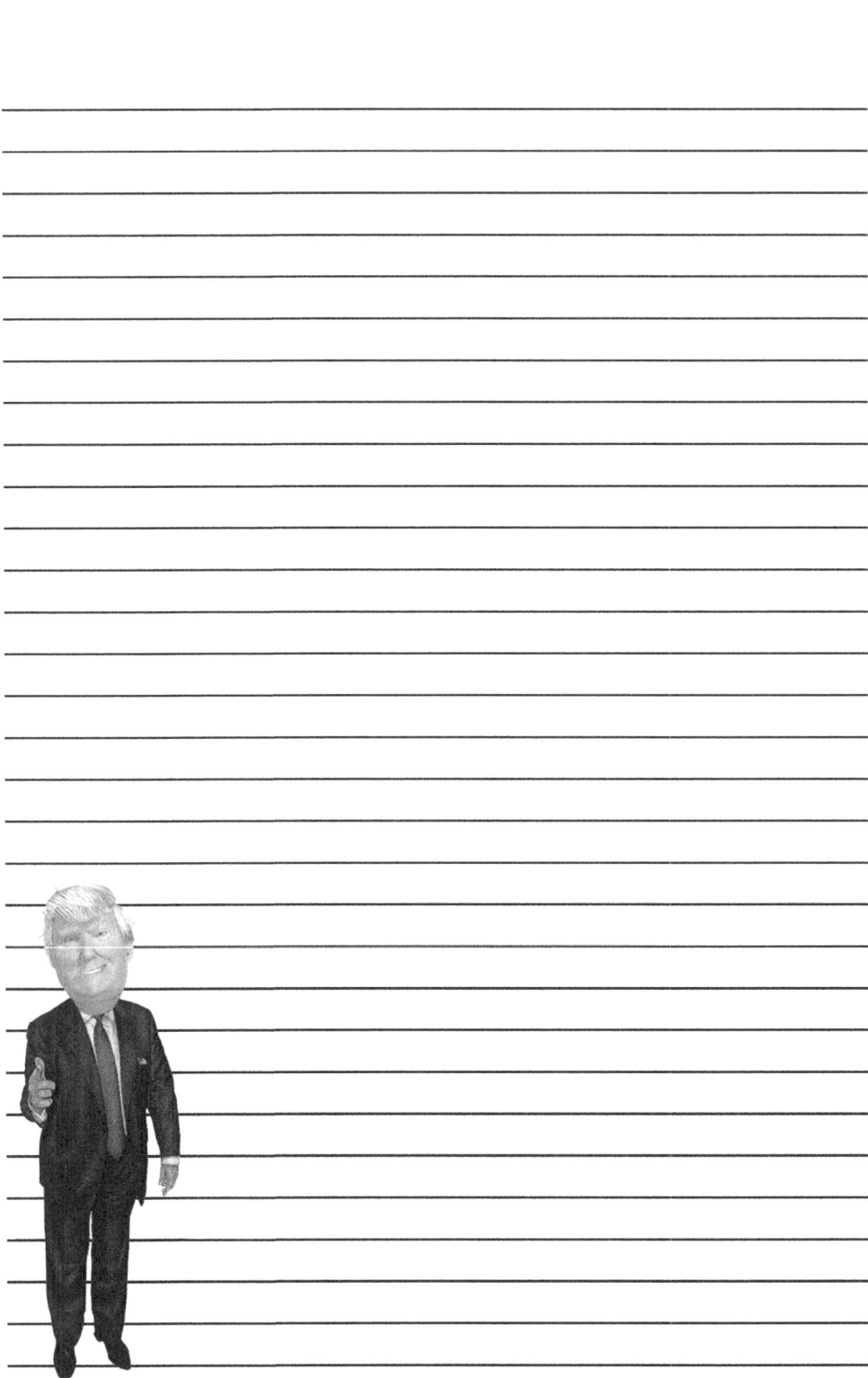

___/___/___

__/__/__

__/__/__

___/___/___

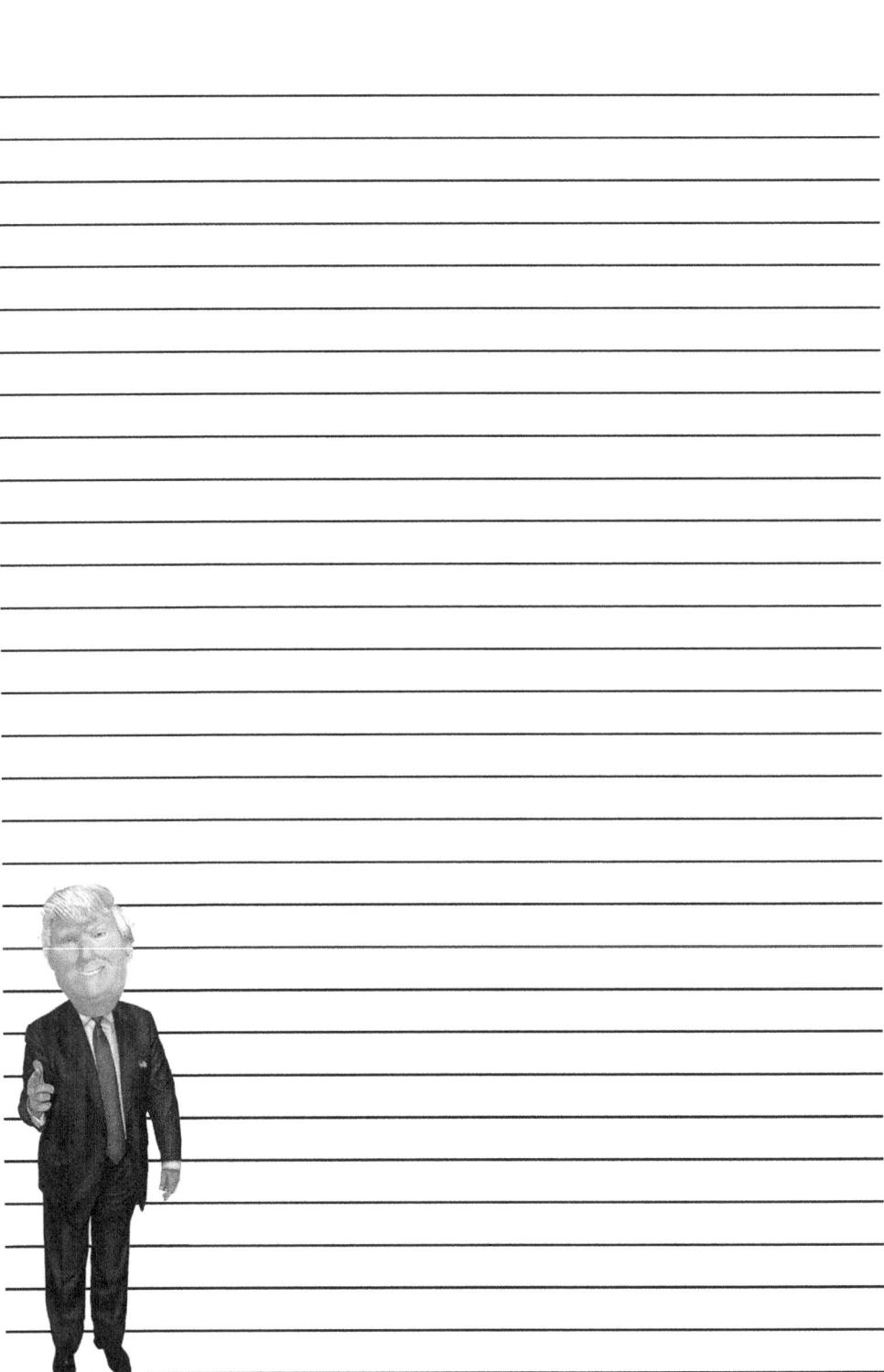

___/___/___

___/___/___

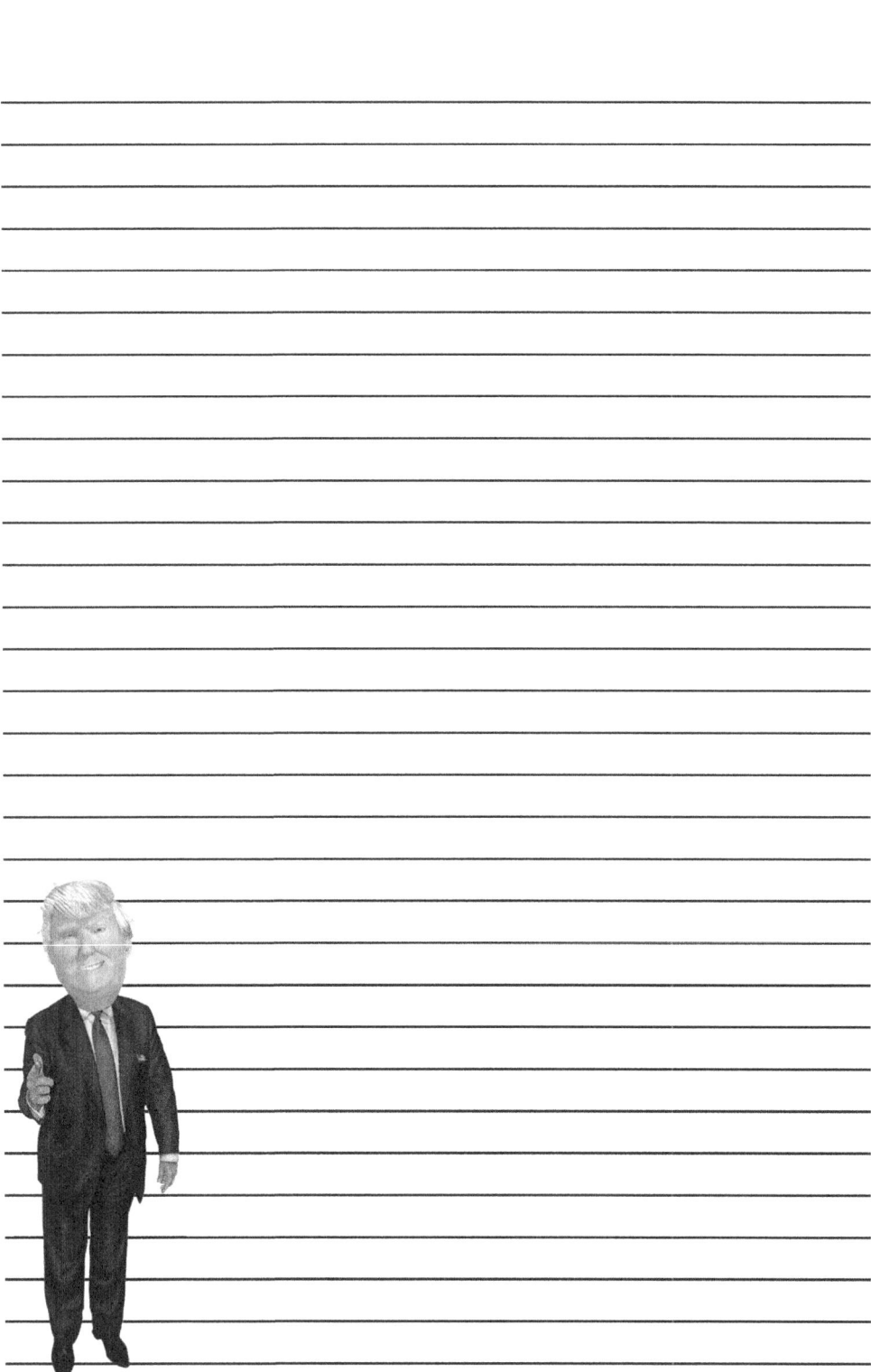

___/___/___

___ /___ /___

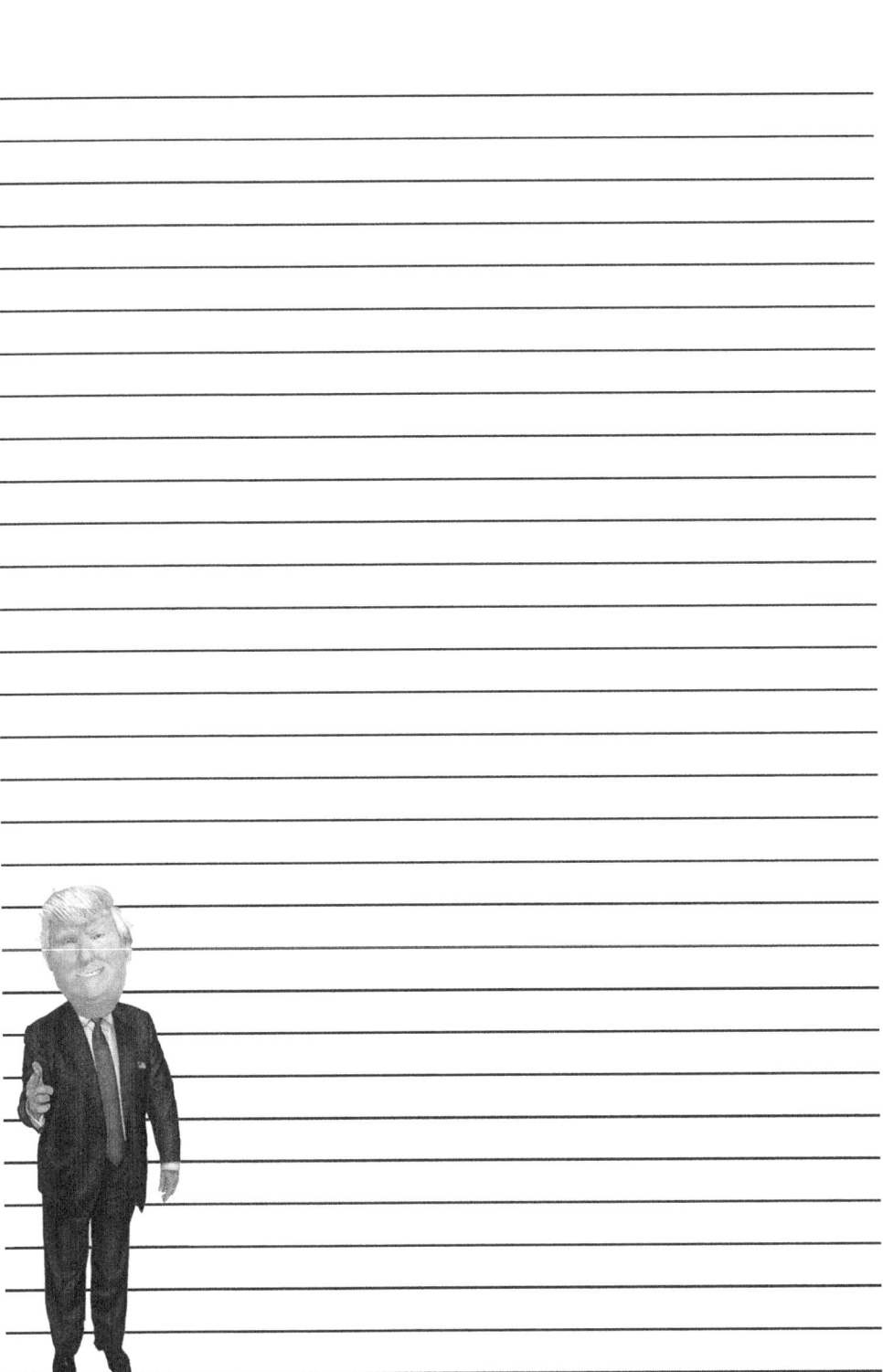

___ / ___ / ___

___ / ___ / ___